Retour sur la première vague de l'épidémie de Coronavirus en France
et sur quelques événements annexes

par le dessin
humoristique et satirique

Christian MÉLI
un patient de l'Hôpital public

Juin 2022

© 2022 Christian Méli

Édition : BoD – Books on Demand, info@bod.fr
Impression : BoD – Books on Demand, In de Tarpen 42, Norderstedt (Allemagne)
Impression à la demande
ISBN : 978-2-3224-3913-3
Dépot légal : juillet 2022

*En remerciement au personnel soignant
de l'hôpital Mignot (le Chesnay, Yvelines)
pour les bons soins qu'il me prodigue.*

Introduction

La première vague de Coronavirus qui s'est propagée voici deux ans nous a laissé un souvenir amer d'impuissance et de déception alors que notre système de santé jouissait d'une réputation incontestée de compétence, de moyens et d'efficacité. La France, ce grand pays qui porte assistance aux peuples en proie aux maladies et autres calamités, patrie de Pasteur, Roux, Calmette, Guérin, Chermann, Montagnier, Sinoussi et bien d'autres, a dû en partie à la sollicitude de ses voisins de pouvoir faire face.

Étant un patient à risque, atteint de pathologies liées à l'âge, je peux témoigner du parfait engagement de nos personnels hospitaliers dès l'émergence de la crise. Par contre, je dois déplorer les hésitations, les mensonges et les insuffisances du Pouvoir dans sa façon d'agir pour limiter la contagion.

Pendant toute cette première période épidémique, dans une ambiance générale où le ridicule le disputait au tragique, j'ai extrait de l'actualité quelques faits marquants que je restitue dans les pages qui suivent sous forme de dessins.

J'en propose une présentation chronologique qui s'étale de janvier à juillet 2020. Avec humour, souvent, mais en brocardant parfois.

Chaque dessin se rapporte à un événement, une situation ou remet en perspective certaines déclarations sous l'éclairage nouveau de l'actualité du moment. Les mots réellement prononcés sont indiqués entre guillemets et référencés en marge des croquis.

J'espère que la lecture de ce petit fascicule servira de rappel à la nécessaire prudence et au respect des consignes de sécurité préconisées par le Corps médical. L'épidémie de Coronavirus n'est pas totalement maîtrisée. Elle se maintient en s'amplifiant au hasard de l'apparition de nouveaux variants et les craintes restent grandes en attendant les progrès définitifs des traitements.

Mes bénéfices tirés de la vente de ce livret iront à la caisse d'entraide du personnel de l'hôpital Mignot (Le Chesnay, Yvelines).

L'auteur.
Mai 2022

Générique

Rôle principal :   Le Coronavirus (alias : « Coronaminus »)

Premier rôle :   Tous les personnels de Santé
Les patients Covid
Les Français des Métiers
Les membres des Services d'Ordre et de Secours

Second rôle :   Le Coq gaulois
Gilles et John (les deux gilets jaunes)
Nos amis les Animaux

Un certain rôle :   Jean-Michel Aphatie
Agnès Buzyn (alias « Busetrompette »)
Michel Cymes
Gérald Darmanin (alias « Chihuahua »)
Angela Merkel
Sibeth Ndiaye (alias «Mme je ne sais pas »)
Olivier Véran

Rôle incertain :   Emmanuel Macron

Intervenants :   Acteurs du Carnaval de Venise
Jean-Marie Bigard
Cyrano de Bergerac
Charles de Gaulle
Yvonne de Gaulle
Professeur Philippe Juvin
Gilles Legendre
Napoléon Bonaparte
Les Parisiens
Docteur Patrick Peloux
Edouard Philippe
Professeur Didier Raoult
Les Supporteurs de football
Donald Trump (alias « Mecdonald »)

Cascadeur :　　Jean-Jacques Bourdin

Bruitage :　　L'info TV (alias «les perroquets du PAF»)

Trucage :　　Jean-Michel Aphatie
　　　　　　　Agnès Buzyn (alias « Busetrompette »)
　　　　　　　Michel Cymes
　　　　　　　Emmanuel Macron

Montage :　　Roselyne Bachelot

Démontage :　　Marisol Touraine

Accessoiristes :　　Agnès Buzyn (alias « Busetrompette »)
　　　　　　　Jérôme Salomon
　　　　　　　Olivier Véran

Coiffeur :　　Professeur Didier Raoult

Cantine :　　Gérard Larcher

17/01/2020
L'ÉPIDÉMIE SE PROFILE.
LES TROIS PHASES DU PLAN DE LUTTE DE LA FRANCE.

STADE 1...

STADE 2...

STADE 3.

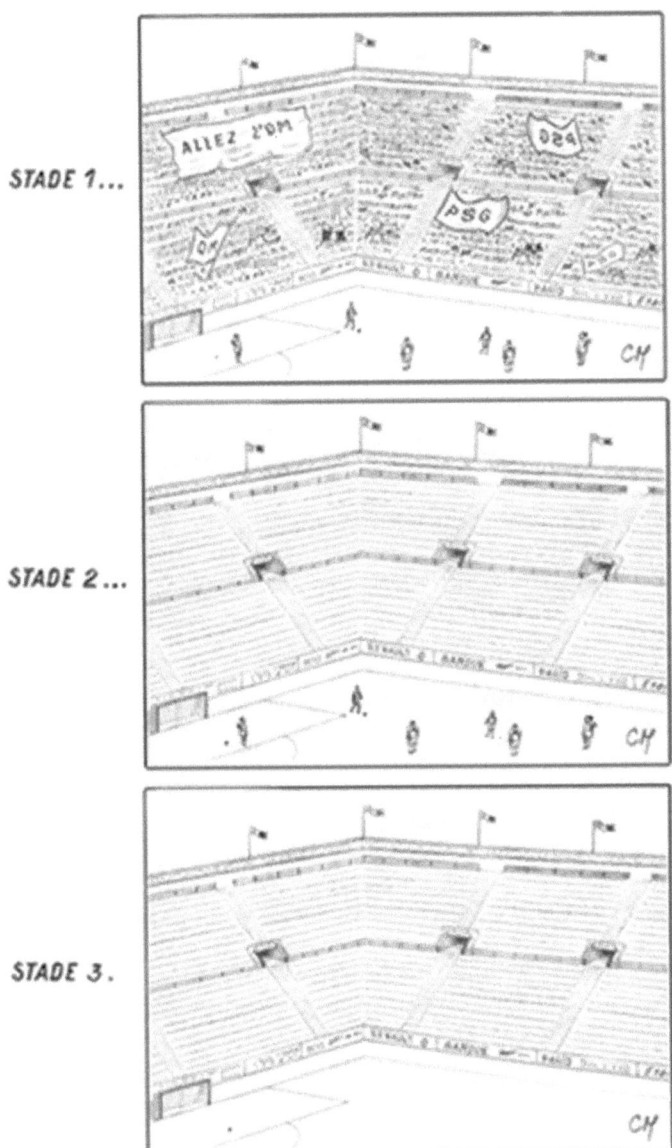

17/01/2020

L'ALLEMAGNE RÉAGIT AU QUART DE TOUR.

*EN VUE DE FAIRE PASSER SANS VOTE LA RÉFORME DES RETRAITES.

21 / 01 / 2020

**LE VIRUS ARRIVE
MAIS LA FRANCE POURSUIT
SES JOURNÉES PORTES OUVERTES.** *

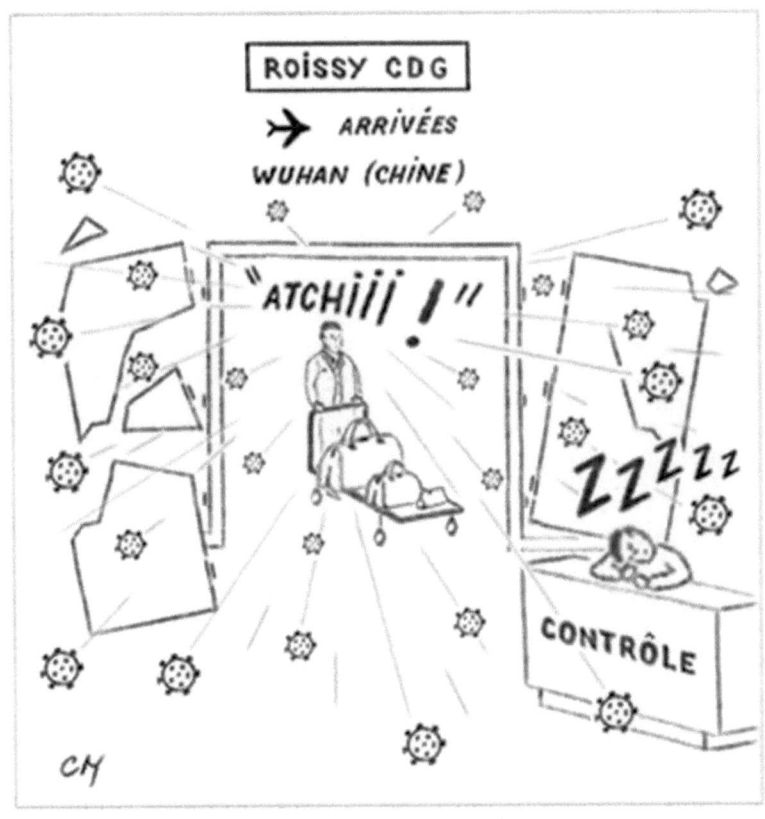

* A. BUZYN SUR RTL : ..." À CE STADE, AUCUNE MESURE DE CONTRÔLE AUX FRONTIÈRES N'A ÉTÉ PRISE"...

22/01/2020

CERTAINS PENSENT QUE LA CHINE C'EST LOIN.*
ET POURTANT...

* 22/01/2020 REPORTAGE SUR "20 MINUTES".

10/02/2020

DANS LES FAITS,
C'EST LE STADE 1.

* SELON LA TERMINOLOGIE OFFICIELLE APPLIQUÉE AU STADE 1.

15/02/2020

RÉVÉLATIONS SUR LA VIE PRIVÉE DE BENJAMIN GRIVEAUX.
GILLES ET JOHN (LES GILETS JAUNES) PARLENT DE L'AFFAIRE.

* PÉRIODE D'ABSTINENCE ET DE PÉNITENCE

20/02/2020

LES NOUVEAUX MASQUES
DU CARNAVAL DE VENISE.

22/02/2020.

UN RÉPIT S'ANNONCE POUR LE PANGOLIN.

29/02/2020
LE GOUVERNEMENT PÉDALE À CÔTÉ DU VÉLO.

* AU CONSEIL EXTRAORDINAIRE DÉDIÉ AU COVID, LES MINISTRES ONT SURTOUT PARLÉ... DE LA RÉFORME DES RETRAITES ET DÉCIDÉ DE SON ADOPTION PAR LE 49.3.

29/02/2020

NOUS PASSONS AU STADE 2.

SUSPENSION DES GRANDS RASSEMBLEMENTS.

* Selon la terminologie officielle appliquée au stade 2.

10/03/2020
L'HÔPITAL SE PRÉPARE,
... EN DIABÉTOLOGIE.

10/03/2020

L'HÔPITAL SE PRÉPARE,

... EN UROLOGIE.

10/03/2020

L'HÔPITAL SE PRÉPARE,
... TOUJOURS EN UROLOGIE.

10/03/2020
L'HÔPITAL SE PRÉPARE,
... MÊME EN PSY.

10/03/2020

LA CIGALE (française) ET LA FOURMI (allemande).

* EMMANUEL MACRON VA AU THÉÂTRE POUR INCITER LES FRANÇAIS À SORTIR MALGRÉ LE COVID.
BFMTV, 7/03/2020.

11/03/2020

LA DISTANCIATION
SELON LES SUPPORTEURS DU PSG.

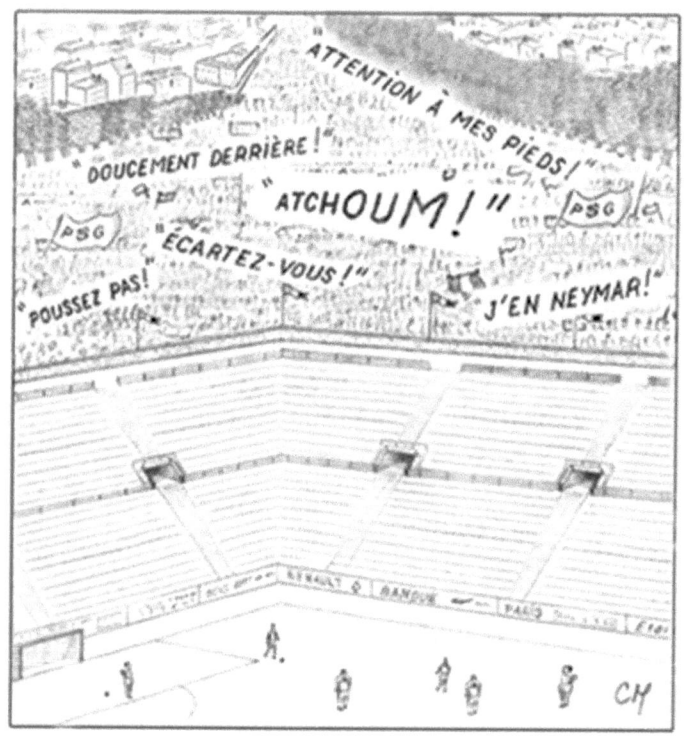

14/03/2020
DES MÉDECINS MEURENT EN PREMIÈRE LIGNE MAIS JEAN-MICHEL APHATIE ACCUSE LA PROFESSION.

* "C L'HEBDO", FRANCE 5, DU 14/03/2020.

16/03/2020

NOUS PASSONS
AU STADE 3.

C'EST LE CONFINEMENT.

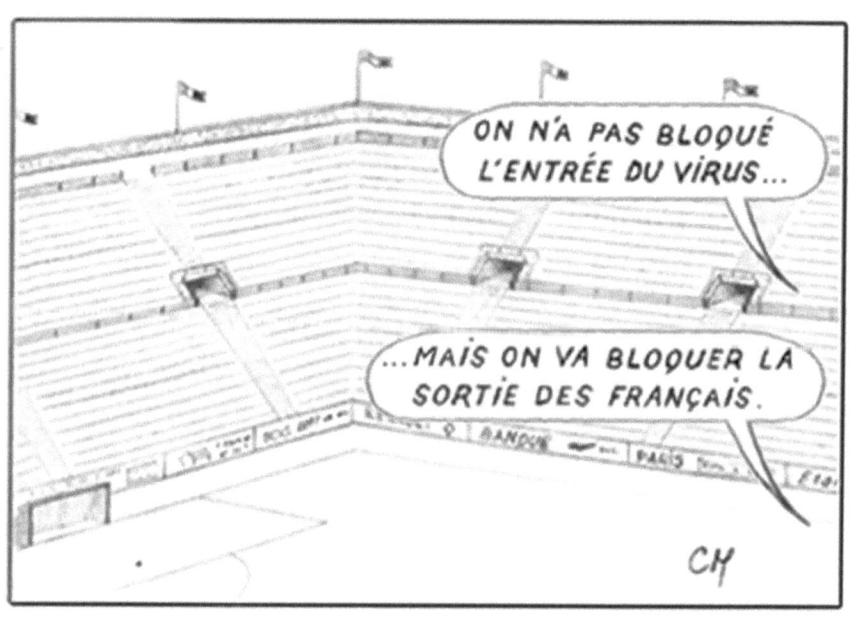

16/03/2020

C'EST LA GUERRE !

* EMMANUEL MACRON : ALLOCUTION TÉLÉVISÉE

16/03/2020

LE GRAND-PÈRE ET LE PÈRE DE LA NATION S'ÉTONNENT.

16/03/2020
C'EST PLUTÔT LA GUERRE DES MONDES.
L'INFINIMENT PETIT contre L'INFINIMENT GRAND.

17/03/2020

LES RATS DES VILLES CHEZ LES RATS DES CHAMPS.
LES PARISIENS SE RÉFUGIENT À LA CAMPAGNE.

18/03/2020.
LE CONFINEMENT ENTRE DANS LES HABITUDES.

20/03/2020

SIBETH NDIAYE,
"MADAME JE NE SAIS PAS."

* SUR BFM TV "BOURDIN DIRECT".

23/03/2020

LA SITUATION S'AGGRAVE.

08/04/2020

LE CONFINEMENT GÉNÈRE DES TENSIONS DANS LES FAMILLES.

* "VESOUL" CHANSON DE JACQUES BREL - 1968.

10/04/2020
LES VIEUX PRIVÉS D'HÔPITAL.

* DÉCRET DU 29 MARS 2020.

12/04/2020

PÂQUES AU BALCON.
LES FRANÇAIS APPLAUDISSENT LEURS SOIGNANTS.

12/04/2020

CYRANO DÉCOUVRE L'AMPLEUR
DE L'ÉPIDÉMIE.

13/04/2020
EMMANUEL MACRON DÉCOUVRE LA FRANCE.

* ALLOCUTION TÉLÉVISÉE.

14/04/2020
INVASION D'OISEAUX EXOTIQUES...

...DE PERRUCHES DANS LES PARCS ET JARDINS,

...DE PERROQUETS SUR LES PLATEAUX TÉLÉ

20/04/2020

LE BILAN DE LA CANICULE 2003
EST DÉPASSÉ.

24/04/2020

BEAUCOUP DE PARISIENS ONT FUI LA VILLE.
LES RENARDS OCCUPENT LE PAVÉ.

* "LE CORBEAU ET LE RENARD" DE JEAN DE LA FONTAINE.

29/04/2020

LES PATIENTS SE CONSOLENT COMME ILS PEUVENT.

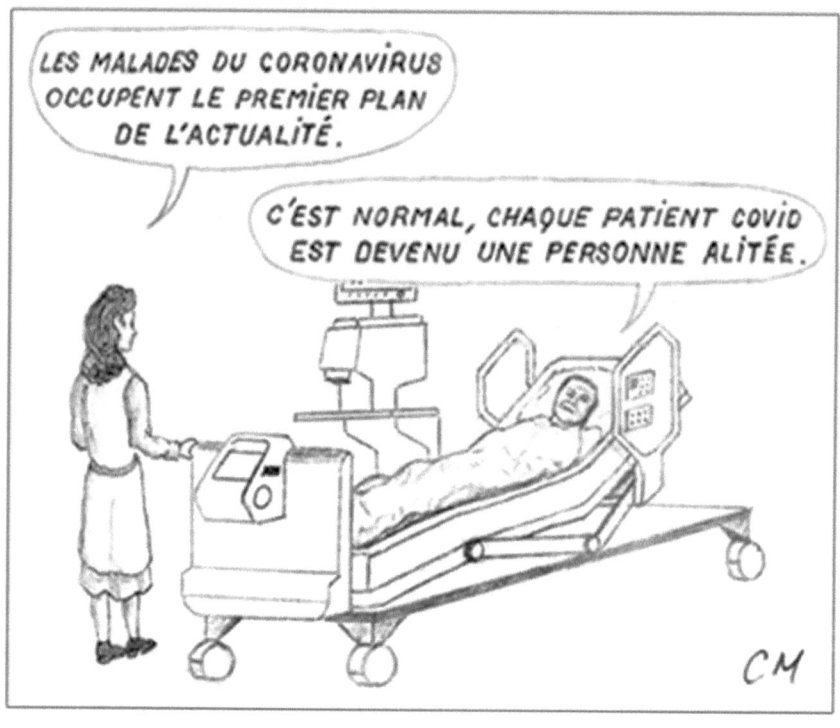

29/04/2020
DEUX MALADES SORTIS DE RÉANIMATION.

3/05/2020

LES VIEUX VOYAGENT MIEUX
PENDANT LE CONFINEMENT.

5/05/2020
SPÉCULATIONS SUR UN ÉVENTUEL REBOND DE L'ÉPIDÉMIE.

11/05/2020
C'EST LE DÉCONFINEMENT.
OUF! ON RESPIRE.

11/05/2020

C'EST LE DÉCONFINEMENT.
LIBÉRATION DE PARIS,
VERSION MODERNE.

12/05/2020
PRIORITÉ DES FRANÇAIS APRÈS LE DÉCONFINEMENT.

13/05/2020

POUR SON VACCIN, SANOFI DONNE LA PRIORITÉ AUX AMÉRICAINS. TRUMP, LE "MECDONALD", S'EN EXPLIQUE.

14/05/2020

ÉCHEC DE DISCOVERY.*
À CHACUN SA STRATÉGIE.

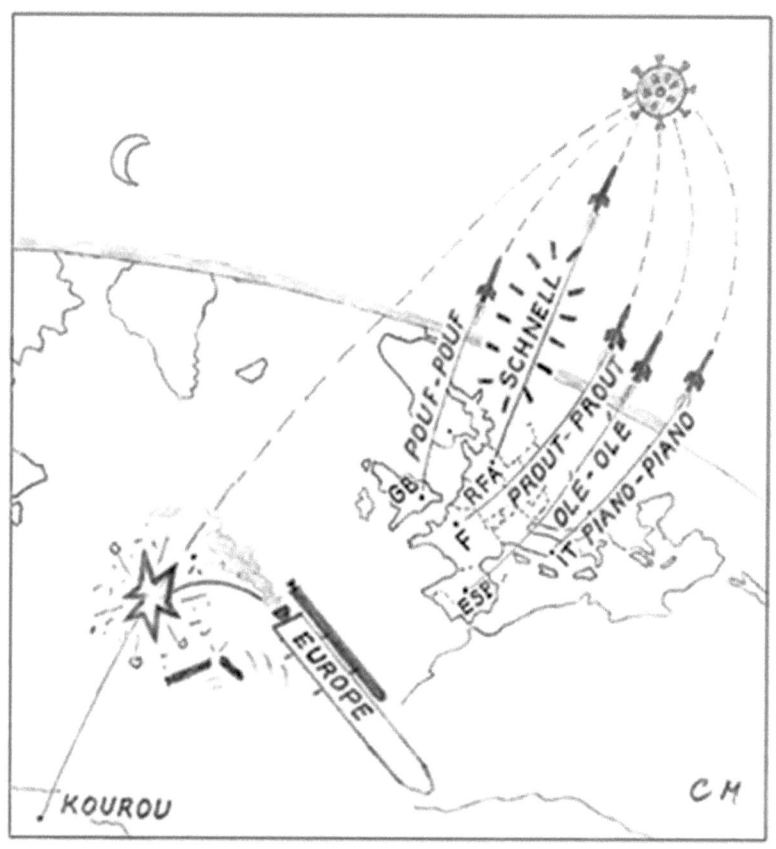

*ESSAI CLINIQUE EUROPÉEN

18/05/2020

EMMANUEL MACRON
N'AIME PAS LES CARABISTOUILLES
MAIS, S'AGISSANT DES MASQUES...

* SUR BFMTV le 18/05/2020 ET RÉACTION
DU PROFESSEUR JUVIN LE LENDEMAIN.

23/05/20
GÉRALD DARMANIN VA VERSER SES INDEMNITÉS DE MAIRE À LA SPA.

24/05/2020
JEAN-JACQUES BOURDIN FLASHÉ À 186 KM/H
À PLUS DE 100 KMS DE CHEZ LUI.

27/05/2020

INTERDICTION DE LA CHLOROQUINE *
O. VÉRAN PREND UNE DÉCISION À L'EMPORTE-PIÈCE.

* DÉCISION TROP RAPIDE BASÉE SUR UNE PUBLICATION ERRONÉE DANS LA REVUE LANCET.

02/06/2020
"LA GUERRE" EST FINIE.
LEVÉE DES DERNIÈRES RESTRICTIONS.

* D'APRÈS "L'ÉCOLE EST FINIE", CHANSON DE SHEILA - 1963

02/06/2020

LE RETOUR DES JOURS HEUREUX ?
UN DOUTE DEMEURE.

* ALLOCUTION TÉLÉVISÉE DU 13/04/2020 ; TWEET DU 02/06/2020.

03/06/2020

LE PAF EN PREND PLEIN LE PIF.

* SUR BFMTV, INTERVIEW DU PROFESSEUR RAOULT.

10/06/2020

DES ENNUIS JUDICIAIRES POUR AGNÈS BUZYN ?

11/06/2020
AVEC LA COVID, LA VÉRITÉ FINIT PAR TRIOMPHER.

* E. HACRON, 29 JUIN 2017 À L'INAUGURATION DE L'INCUBATEUR DE START-UPS.

15/06/2020
GILLES LEGENDRE INTERROGÉ SUR LA GESTION DE LA CRISE.

* 17/12/2018 SUR PUBLIC SÉNAT.

19/06/2020

ON S'ATTEND
À UNE GRAVE CRISE ÉCONOMIQUE.

* LA DETTE PUBLIQUE S'ÉLÈVE À 2438,5 MILLIARDS D'EUROS.
(SOURCES: INSEE).

20/06/2020

BIGARD CANDIDAT À LA PRÉSIDENTIELLE ?

* DROIT DE DISTILLER SON PROPRE ALCOOL.

20/06/20
UN MILITAIRE JUGE L'ACTION D'EMMANUEL MACRON

01/07/2020

LA NOTION VARIABLE DU TEMPS.

01/07/2020

ÉPILOGUE : "CORONAMINUS" DONNE UNE LEÇON À EMMANUEL MACRON.

* AU 25 MAI 2020, LE COÛT PRÉVISIONNEL DE LA CRISE S'ÉTABLISSAIT À 450 MILLIARDS D'EUROS POUR LA FRANCE.